ISBN 978-0-282-26777-3
PIBN 10569205

1 MONTH OF
FREE
READING

at
www.ForgottenBooks.com

By purchasing this book you are
eligible for one month membership to
ForgottenBooks.com, giving you
unlimited access to our entire
collection of over 700,000 titles via
our web site and mobile apps.

To claim your free month visit:

www.forgottenbooks.com/free569205

English
Français
Deutsche
Italiano
Español
Português

www.forgottenbooks.com

Mythology Photography **Fiction**
Fishing Christianity **Art** Cooking
Essays Buddhism Freemasonry
Medicine **Biology** Music **Ancient
Egypt** Evolution Carpentry Physics
Dance Geology **Mathematics** Fitness
Shakespeare **Folklore** Yoga Marketing
Confidence Immortality Biographies
Poetry **Psychology** Witchcraft
Electronics Chemistry History **Law**
Accounting **Philosophy** Anthropology
Alchemy Drama Quantum Mechanics
Atheism Sexual Health **Ancient History**
Entrepreneurship Languages Sport
Paleontology Needlework Islam
Metaphysics Investment Archaeology
Parenting Statistics Criminology
Motivational

LE CAPITOLE

OPÉRA-COMIQUE EN 3 ACTES ET 4 TABLEAUX

OUVERTURE

Paris, CHOUDENS, Éditeur   A.C. 10,097

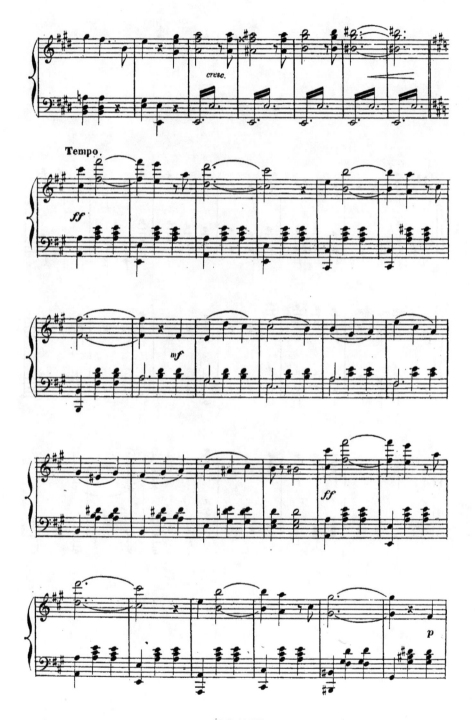

INTRODUCTION

A.C. 10.097

14

_vons! buvons! bu_vons!

_vons! buvons! bu_vons!

_vons! buvons! bu_vons!

Alleg

Récit. VESPER.

Metella ne boit pas

PLAUTE.

C'est vrai, Metel_la seu_le n'a pa

METELLA.

_sé trop glori_eux Dont m'é_cra _ se ma noble aï _ eu _ le.

Oui, mais ra_sant hé_

CATON.

Lu_crè_ce, grand ex_emple!

_las, car cha_cune à sa guise in_vo_que sa dé _ es _ se, Et

moi, je n'ai pas le choix A _ Pal_

_las, dé_es_se de la sa _ ges _ se!

Sop.

Tén.

Basses.

Allegro.

_vons! bu _ vons!

_vons! bu _ vons!

CHŒUR ET RONDEAU

N.° 2.

L. Et toi mon cher é_poux, pardonne nous aus_si.

L. Mais les courses de char, moi je perds la cer_vel____le,

L. Tu di_sas que je perds peu de_cho_se mer_ci!

LŒLIA.

Ah! mes enfants quel_le journée Et par le soleil é_cla_tant ____ Cette

foi _ le tout a tourné_e C'é _ tait je le jure, é_pa _ tant ____ Un

suivez.

as _ saut de mo _ des nouvelles A fai_re loucher le pu _ blic ____ Et

si je né _ tais des plus belles, Tiens je n'étais pas la moins chic. Quant aux

cour_ ses, c'était su _per_be Et vous nous voy_ ez em _ bal _lés. Les chais sem_

_blaient vo_ler sur l'her _ be Trai _ nés par des coursiers ai _ lés, Pa_ri_ant

a _ vec fré _ né _ si _ e, Je sentais que l'on m'en _ tou _ rait, Les fem_

_tits commerces S'ex_er_çant d'ailleurs suivant l'us _____ J'ai per_du quin_ze

cents su_ter_ces Sur la monte de Bi_bu_lus _____ Mais mes enfants quel_

_le journée Et sous le so_leil é_cla_tant _____ Je ren_tre lasse et

re_i_né_e, Mais tant pis, c'était é_pa_tant!

METELLA.

Mais on vient!   Qui?

M. j'a_vais pour_tant pres_crit que   nul   é _ tran _ ger....

UNE ESCLAVE.

Il n'est pas é_tranger,   C'est Nar_ cis_ se, le cen_tu_ri_ on   du con_

A.C. 10097

comme une a_va_lan_che, Doublement heureux d'un pa_reil cour_rier,

comme une a_va_lan_che, Doublement heureux d'un pa_reil cour_rier,

comme une a_va_lan_che, Doublement heureux d'un pa_reil cour_rier,

NARCISSE.

Pour t'apporter, t'appor_ter cette branche Cette branche de lau_rier.

Pour t'ap_por_ter cette bran_che de lau_rier.

Pour t'ap_por_ter cette bran_che de lau_rier.

Pour t'ap_por_ter cette bran_che de lau_rier.

Tempo.

NARCISSE.

Car nous a_vons rem_por_té la vic_toi_re, Le vieil hon_

_neur ro_main n'est point dé_chu. Des en_ne_

_mis for_çant le ter_ri_toi_re, Nous a_vons

pris leur camp par eux fi_chu.___ A_yant d'ail_

_leurs con_sul_té les au_gu_res, Ce sûr o_

_racle a_ni_mait nos ef_forts.. Si les Ro_mains tri___

_omphent des Li_gu_res C'est que vrai_ment ils se_ront les plus

Dou_blement heureux d'un pa _ reil cour _ rier,   Pour l'ap _ por _ ter

cet _ te bran_che,   cet _ te bran_che   de lau_rier.

Nar _ cisse a bondi

Nar _ cisse a bondi

Nar _ cisse a bondi

comme une a_va_lan_che Doublement heureux d'un pa _ reil cour_rier,

comme une a_va_lan_che Doublement heureux d'un pa _ reil cour_rier,

comme une a_va_lan_che Doublement heureux d'un pa _ reil cour_rier,

NARCISSE.

Pour t'appor_ter, t'appor _ ter cet_te bran_che, Cet_te branche de lau_

Pour t'appor_ter, t'appor _ ter cet_te bran_che, Cet_te branche de lau_

Pour t'appor_ter, t'appor _ ter cet_te bran_che, Cet_te branche de lau_

Pour t'appor_ter, t'appor _ ter cet_te bran_che, Cet_te branche de lau_

Cet_te bran_che de lau _ rier, Cet_te bran_che de lau_
_rier, Cet_te bran_che de lau _ rier, Cet_te bran_che de lau_
_rier, Cet_te bran_che de lau _ rier, Cet_te bran_che de lau_
_rier, Cet_te bran_che de lau _ rier, Cet_te bran_che de lau_

_rier. Pour t'ap _ por_ter cet_te bran_che de lau _ rier.
_rier. Pour t'ap _ por_ter cet_te bran_che de lau _ rier.
_rier. Pour t'ap _ por_ter cet_te bran_che de lau _ rier.
_rier. Pour t'ap _ por_ter cet_te bran_che de lau _ rier.

Allegro.

Il   se   fait   tard,   le   temps   pas _ se,

pas   mar _ cher,   L'ombre en _ ve _ lop

pas   mar _ cher,   L'ombre en _ ve _ lop

pas   mar _ cher,   L'ombre en _ ve _ lop

uns a_vec leurs fem _ _ _ mes Et les au _ tres tout

uns a_vec leurs fem _ _ _ mes Et les au _ tres tout

uns a_vec leurs fem _ _ _ mes Et les au _ tres tout

mf

seuls. Il se fait tard, le temps pas _ se,

seuls. Il se fait tard, le temps pas _ se,

seuls. Il se fait tard, le temps pas _ se,

pp

Que l'on ne sent pas mar _ cher, L'ombre en _ ve _ lop_

Que l'on ne sent pas mar _ cher, L'ombre en _ ve _ lop_

Que l'on ne sent pas mar _ cher, L'ombre en _ ve _ lop_

-pe l'es _ pa _ ce, Al _ lons nous cou _ cher.

-pe l'es _ pa _ ce, Al _ lons nous cou _ cher.

-pe l'es _ pa _ ce, Al _ lons nous cou _ cher.

Allons nous cou _ cher.

Allons nous cou _

-cher.

Allons nous cou_cher.

A.C. 10,097

COUPLETS

Andante.

METELLA.

Con_

PIANO.

Andante.

M. _temple ces tableaux d'his_toi_re, Ad_mi_re ces marbres de

M. prix. De mon a _ ïeule ils re_tra_cent la gloi_re, Son souffle

M. même ha_bi_te ces lam_bris. Par_toit Licrèce, entoile, en

A.C. 10097

bois _ en pierre, De l'honneur m'en _ seignant la loi! Du haut du ciel, ta de _ meu _ re der _ niè _ re, Lu _ crèce es _ tu sa _ tis _ fai _ te de moi? Du haut du ciel, ta demeu _ re der _ niè _ re, Lucrèce es _ tu sa _ tisfai _ te de moi?

on sort d'un sang aus_si beau! Si je fau_tais, ma vé_né_rable aï_

_eu_le M'apprit ja_dis le che_min du tom_beau. De

ses vertus il faut, digne hé_ri_tiè_re, Gar_der le culte...Et mal_gré

TERZETTO

ren _ tre de voy _ a _ ge!

CORNELIUS.

Et qui rentre en cou _ roux.

METELLA.

Re _ gar _ _ de. Nar _ cis _ _ _

CORNELIUS.

_ sel Oui, ma honte est as _ sez clai _ re A cet _

_ te heure noc _ turne Et le con _ sel ab _ sent; Qui

:NELIUS.

Je crois, Et je bous de co_

METELLA.

Non! Non!

ous me trom_pez! Si! si!

NARCISSE.

Non! Non!

A.C. 10,097.

A fait que j'ai mieux connu Ton pe _ ti

coisel veimoille.

METELLA

re_vient impiompti Comme ι _ ne mιle est tê_tu!

58

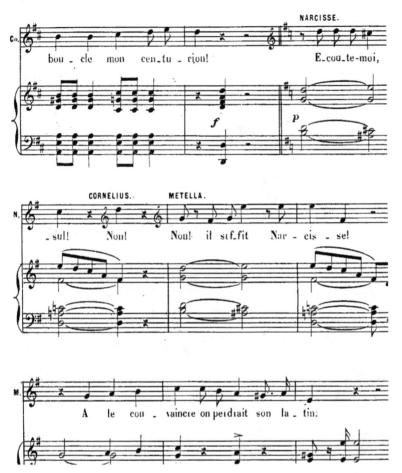

bou _ cle mon cen _ tu _ rion!

NARCISSE.

E _ cou _ te-moi,

CORNELIUS.

_ sul! Non!

METELLA.

Non! il suf_fit Nar _ cis _ se!

A le con _ vaincre on perdrait son la _ tin:

Sous l

_com _ be   Je   ne me défends mê_me pas

se _ ra ven _ gé, cru _ el vieil _ lard! Lu _ crè _ ce me sert de mo _

_ dè _ le Et je ra _ mas _ se _ son poi _ gnard.

Pleu _ re pas mon pauvre homme sur ton hon _ neur flé _

P et léger.

_ tri J'ai trom _ pé mon ma _ ri, J'i _ rai le dire à

J'i _ rai sur la pla _ ce pu _ bli _ _ que, De _ vant le peuple et le sé _

_ nat; J'i _ _ rai pour que ma fin tra _ gi _ _ que Au

moins ne manque pas d'é _ clat. Les tu _ bas ap _ pe _ lant la

fou _ _ le Que font cir_cu_ler les lic _ teurs..... Je cri _

M. _rai devant cet_te hou _ le de trois cent mil _ le_ spec _ ta _

M. _teurs. Vous voy _ ez ce pauvre homme Honteux

f et léger.

M. et con_vain _ cu C'est un ma _ ri trom _ pé Qu'on se le

FINALE

CORNELIUS.

La foule accourt qui t'ap _ por _ te   Hom _ mage of _ fert aux grands

La foule accourt qui t'ap _ por _ te   Hom _ mage of _ fert aux grands

La foule accourt qui t'ap _ por _ te   Hom _ mage of _ fert aux grands

Le laurier

cœurs,   Le laurier d'or 'des   vain _ queurs

cœurs,   Le laurier d'or des   vain _ queurs

cœurs,   Le laurier d'or des   vain _ queurs

p

Maestoso.

Trompettes sur la scène.

f

main gauche.

f et sostenuto.

A C 10 097.

A.G. 10 097.

_frir ce lau _ rier d'or,

_frir ce lau _ rier d'or,

_frir ce lau _ rier d'or,

Au vainqueur de la Li _ gu _ ri _ _ e, Au con _

Au vainqueur de la Li _ gu _ ri _ _ e, Au con _

Au vainqueur de la Li _ gu _ ri _ _ e, Au con _

_ sul Cor _ né _ lius ma _ jor!

_ sul Cor _ né _ lius ma _ jor!

_ sul Cor _ né _ lius ma _ jor!

main gauche.

CATON.

Au

Récit.

nom des sénateurs, moi leur por_te paro_le   Au nom des cheva_

_liers et du peu_ple Ro_main,   Je t'annonce ô con_sul que le jour de de_

_main Te verra tri_om_phant, mon_ter au Ca_pi_to_ _ _

main, consul, ceint d'une au ré ole, Nous t'es cor terons vers le

Ca pito le, Et sur ton chemin jonché de laurier, Nous é

cou te rons la fon le cri er!

Re gar dez passer au bruit des cym ba les,

Peuple et sé_na_teurs, prê_tres et ves_ta _ les.

Hym _ nes é _ cla_tants, marches tri_om _ pha _ les,

Tout ac_cla_me _ ra le vail _ lant guer _ rier!

VESPER.

METELLA. rit. Tempo.

Ne disons rien, rien! rien! Et de _

Co. rien! Ne disons rien, rien! rien!

N. rien! Ne disons rien. rien! rien!

M. _ main le front _ ceint d'une au _ réo _ le Nous i _ rons tous deux _ vers le

Sop. *ff* Oui! tous les

Ten. *ff* Oui! tous les

Basses. *ff* Oui! tous les

M. Ca_pi_tole___ Sur no_tre chemin jonche de laurier Nous é.

deux Hurrah! Hurrah!

deux Hurrah! Hurrah!

deux Hurrah! Hurrah!

M. _cou_te_rons la fou_ le cri_ er!___

Hurrah!___

Hurrah!___

Hurrah!___

Rome ac _ cla _ me _ ra   Nos ver _ tus é ´ ga _ les

L'é _ pou _ se fi _ dèle   et le fier   guei _ rier.

TOUT LE MONDE.

L'é_pou_se fi _ dèle et le fier _ guer_rier. Au Ca_pi _ to _ _

_to _ _ le! Au Ca pi _ tole, de _ main au

_to' _ le! Au Ca_pi_ tole, de _ main au

_ le! Au Ca_pi _ to _ _ le, de _ main au

_ le! Au Ca_pi _ to _ _ le, de _ main au

ff

Ca _ pi _ to _ _ le au Capi _ to _ _ _ le!

Ca _ pi _ to _ _ le au Capi _ to _ _ _ le!

Ca _ pi _ to _ _ le au Capi _ to _ _ _ le!

Ca _ pi _ to _ _ le au Capi _ to _ _ _ le!

Fin du 1er Acte.

ENTR' ACTE

N.º 8.

PIANO.

staccató.

1.ʳˢ Sop.

soir, Du ma_tin jusqu'au soir

soir, Du ma_tin jusqu'au soir

Allegro.

METELLA.

Fi_lons ain_si le

veut ma ra _ ce, Fi_lons la laine à l'om_bre du fo _ yer. Fi _

_ler la laine est ef _ fi _ ca _ ce, A ce qu'on dit, pour se dé_sennuy_

All[tto] 1[o]. Tempo.

1[rs] Sop.

Cou - lez fu - seaux, Et char-gez-vous de

2[ds] Sop.

Cou - lez fu - seaux, Et char-gez-vous de

SORTIE

Allegretto.

PIANO.

COUPLETS

Nº 9.

Allegretto.

PIANO.

ff

CORNELIUS.

Sous no_tre toit les por_tes clo_ses,

p et léger.

Bas les mas_ques que nous far_dons.. A_dieu les cou_

_ron_nes de ro_ses, A nous les paquets de char_dons..

-pos, Je ne te laisse au cun re pos, Je suis u ne

bê te fé ro cel. Con tem ple ce front

de hé ros Que d'é tran ge fa çon tu m'ornes. Il en

8ª bassa

8ª bassa

A.C. 10,097

est de nous comme des tau_reaux, La méchance_

_té nous vient par les cor _ _ _ nes.

Il fau_dra com_

_me les es_cla_ves, Tra_vail_ler de tes doigts mi_gnons

Depuis quelques heures, j'ai feint   Par tous les dieux, j'ai soif en_

_fin   Co_qui _ ne j'ai soif de vengean _ _ ce!   Con_

tem ple ce front de hé_ros Que dé_tran_ge fa_

_çon tu m'ornes. Il en est de nous comme des tau_reaux,

La mé_chan_ce _té nous vient par les cor_

_nes.

ENSEMBLE ET DUETTO

_co _ _ _ re, en _ co _ re, en _ co _ re, en _

En _ co _ _ _ re, en _ co _ re, en _ co _ re, en _

L. _co _ _ _ re. Ah! que c'est donc dé _ li _ ci _ eux De cueil_

F. _co _ _ _ re. Ah! que c'est donc dé _ li _ ci _ eux De cueil_

mf   pp

rall.

Las de la course on se sent dé_fail_
_leil dont la plaine se do _ re,
_lir.
On n'en peut plus et l'on vou_drait cueil _ lir _____ en_
En_co _ re, en_co_re, en_co_re, en_co _ re
_co _ re, En_co_re, en_co_re, en_co _ re

CHŒUR

Allegro.

PIANO.

_sa_ge qu'on banquet _ te, Que les Dieux sa_tisfaits, no _ tre couvert est mis.

Sop.
Ten.
Un sa_cri_fi _ ce est u_ne fê _ te Pour les parents, pour les a_mis,

Un sa_cri_fi _ ce est u_ne fê _ te Pour les parents, pour les a_mis,

Bass.
Un sa_cri_fi _ ce est u_ne fê_ te Pour les parents, pour les a_mis,

_meu _ _ _ _ _ _ ie, Et ce soir,   à   la si_xième heu _ ie, Au ca_pi_tole oi_

_vert   au soldat glo_ii _ eix,_____ Noismon_te _ rons,   con _

_sul, ren_dre grâ _ ces aux Dieux!

_sul, ren_dre grâ _ ces aux Dieux!

_sul, ren_dre grâ _ ces aux Dieux!

Tempo 1º

ff

diminuendo.

p

pp

(al coda)

COUPLETS

N.º 12.

METELLA.

Ce vieux con _ sul, que la dé _ li _ ca _ tes _ se, Pré _ serve _

_ rait de l'ac _ ci _ dent com _ mun. E _ poux sans cœur, égards ni po _ li _

_ tes _ se, Est as _ som _ mant com _ me pas un. Et que me

M. _sert u_ne ver_tu si hau _ te! Cor_ne_li _ us me croit cou_pable obs_

M. _ti _ né_ment Et c'est cru _ el d'a_voir les en_nuis de la fau _ te

M. sans en a_voir eu l'a_grément Oui c'est cru _ el d'a_voir les en_nuis

M. de la fau_te sans en a_voir eu l'a_gré_ment.

129

A.C. 10,097.

Plau _ te C'est lui-même et lui seul qui me prête un a_mant: Et c'est cru_

_ el d'avoir les ennuis de la fau_te Sans en a_voir et l'a_grément. Oui c'est cru_

SCÈNE ET CHŒUR

Nº 13.

CATON.

Dieux im_mor_

PIANO.

c. _tels!   Qu'ai - je vu là!

Sop. (rires)

Ah! ah! ah!   ah!   Ah! ah! ah!

c. Le beau Nar _ cisse et Mé _ tel _ la!

ah!   Le beau Nar _

res, o — tem — po — ra!

TUTTI.

Ah! ah! ah! ah! ah! ah! ah! ah!

PLAUTE.

Qu'ar — ri — ve — t-il? De vos gai-

P. cœurs ma _ gna _ ni _ mes! Mais qui donc?

P. Ê _ tes-vous bien sûrs:

CATON.

A l'ins _ tant i _

C. _ ci, nous les vî _ mes, E _ chan _

C. _ ger des bai _ sers im _ purs!

Sop.

Ah! ah! ah! ah! ah! ah! ah!

mf

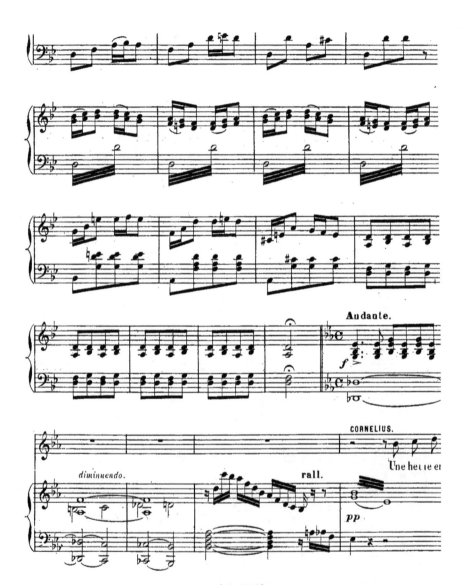

_qué   Et r

_du   tout Ro _ me va te di _

_du   toıt Ro _ me va te di _

_du   toıt Ro _ me va te di _

Tu quo_que! Tu quo_que! con _ sul,

Tu quo_que! Tu quo_que! con _ sul,

Tu quo_que! Tu quo_que! con _ sul,

Tu quo _ _ que!.

Tu quo _ _ que!

Tu quo _ _ que!

con _ sul tu quo _ que, quo _ que, quo _ que, quo_

con _ sul tu quo _ que, quoque, quoque quo_

con _ sul tu quo _ que, quoque, quoque quo_

p

_que, quo_que quo _ que!

_que, quo_que quo _ que!

_que, quo_que quo _ que!

DUO

N.º 14.

Allegro.   NARCISSE.

mè_re, fer_me les yeux   Et main_te_nant

Allegro.

Viens   dans mes bras,   La hon_ _ _te n'est

plus_____ pour l'arrê_ter,   Di_vi_ne Me_tel_la

A_vant une heu_ _re notre comp_te sera   ré_glé

las! j'ai vé _ cu trop aus _ tè _ _ _ re, Sui _ vant un sen _ tier dé _ fleu _

_ ri, Je ne veux pas quit _ ter la ter _ re Sans a _

_ voir trompé mon ma _ ri. _____ Vé _ nus! Ton feu di _

rall. Tempo.

_ vin m'em _ bra _ se! A nous tou _ tes les vo _ lup _ tés Je veux con _

naître en _ fin l'ex _ ta _ _ _ se Des bai _ sers ja _ dis re dou _

p dolce.

_tés; _ _ _ _ Que de _ main le soit nois é _ cra _ se, Heureux du

moins et révol _ tés. _ _ _ _ Vé _ nus! ton feu di _

tés!

NARCISSE.

Je t'aime, ô Metel _ la!

Nar _ cis _ se, je t'a _ do _ re! Et sans scru_pi _ les ni re_

Et sans scru_pi _ les ni re_

_grets Aimons-nous, Cette heure est à nous en _ co _ _ _ re! Qu'im_

_grets Aimons-nous, Cette heure est à nous en _ co _ _ re!

doux, c'est si doux — pen - dant. — Je t'ai -

doux, c'est si doux — pen - dant. — Je

- - - me!

- t'ai - - me!   (La scène change)

Allegretto.

PANTOMIME.

p et léger.

Allegro (Mouv.ᵗ précédent)

FINALE

Nº 15.

METELLA.

O ciel! ces pas, ces cris et ce cliquetis d'ar _ mes!

_ mi!

_ mi!

NARCISSE.

Nos troupes au combat mènent leur géné_ral; Mais pas de vaines a_

N.

_lar _ mes! Son devoir de con_sul le rive à son che _ _ val.

All?. moderato.

CORNELIUS.

Arrè_

A.C. 10.027

M. _dant, _____ Je t'ai _ _ _ me!

N. _dant, _____ Je t'ai _ _ me!

A l'ennemi! Courons aux ar_mes! Auxar_mes!

A l'ennemi! Courons aux ar_mes! Auxar_mes!

Fin du 2ᵉ Acte.

ENTR'ACTE

PIANO.

DUO

And.ᵗᵒ moderato.

PIANO.

M. Tou _ te d'extase et d'a _ mour, _____ Pour _ quoi fi _ nir!

N. Tou _ te d'extase et d'a _ mour, _____ Pour _ quoi fi _ nir!

M. Prompte en ton cours, Au _ tant qu'en _ chan _ te _ res _ se, Hé _

N. Prompte en ton cours, Au _ tant qu'en _ chan _ te _ res _ se,

M. _las! _____ si douces nuits devraient du_rer tou_jours,

N. Hé _ las! si douces nuits de _ vraient du_rer tou_jours,

MÈTELLA.

Le ma_tin ra_di_eux Sur_git hors de s

N.

ses ri_ants a_ _tours La na_ tu

_zur s'est é _ clair _ ci   D'u _ ne lı_euı ver _ meil _

bons moments sont   courts L'heure heu _ reuse   est ra _ pi _ de,

M. _mour___ Pour_quoi finir! Prompte en ton cours, au _ tant qu'enchan _ te _

N. _mour___ Pour_quoi finir! Prompte en ton cours, au _ tant qu'enchan _ te _

M. _res_ _se Hé _ las! ____ si douces nuits devraient du_rer tou_

N. _res_ _se Hé _ las! si douces nuits de_vraient durer tou_

M. _jours Devraient du _ rer tou _ jours.

N. _jours Devraient du _ rer tou _ jours.

QUARTETTO

N.º 17.

_nons tous les qua_tre A l'air frais du ma_tin,___ Dé_

_nons tous les qua_tre A l'air frais du ma_tin,___ Dé_

_nons tous les qua_tre A l'air frais du ma_tin,___ Dé_

_nons tous les qua_tre A l'air frais du ma_tin,___ Dé_

_nons tous les qua_tre A l'air frais du ma_tin.

L. nos ma_ris ne songeons guè _ re Et quel_le crain_te de con_

L. _flit? L'un est à la guer_re, L'au _ tre, dans son

FÉLIX

L. lit! Dans u_ne par_tie a_mou_reu_se, Ne

F. pas_se laisser af_fa_mer, Car rien ne vous creu_se Au_

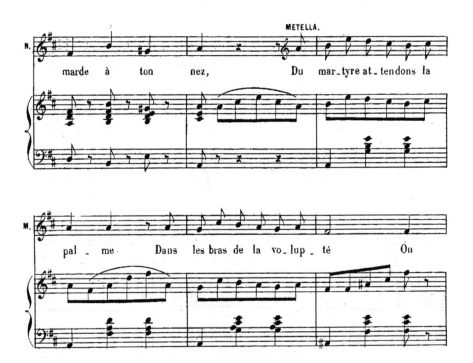

VESPER.

Ah! sou_pi_rait l'jou_eu de flù_te

léger.

A la jeun' Ves_ _tale en é_moi; Con_tie l'a_mou

en vain je lut_te, J't'a_dore et te_ vou_drais pour moi.

A.C. 10,097

VESPER.

Pen_dant six mois fir'nt d'la mu_si _ que

f   *p léger.*

Comme ils pas_sè _ rent, ces six mois! Puis lui pour cats'

de guerr' Pu_ni _ que Par _ tit battr' les_ Car _ tha _ gi_nois.

Il se battit la mort dans l'â _ me, Mais comm' un vrai héros, Et bref, Quand il revint tout feu, tout flam_me, Il é

VESPER.

La gloir' c'est su _ perb' c'est é_pi _ que, Mur _ mu _ rait - elle,

ô mon a_mant! Mais tu n'es plus dans la mu_si _ que,

De dessous sa cui_rasse il ti_re L'ob_jet des regrets_ de l'en_

_fant! Chut! j'ai tou_jours mais sur l'fo_rum J'la ca_chais

pour le dé_co_rum.. Tu tu tu tu tu tu tu tu Sur les bords du

METELLA, LŒLIA, NARCISSE, FELIX.

Tu tu tu tu tu tu tu tu

p et léger.

Ti_bre Tu tu tu tu tu tu tu tu Al_lons un mo_ment Tu tu tu tu

Tu tu tu tu tu tu tu tu Tu tu tu tu

CHŒUR ET BRINDISI

sous bon_ne gar _ de,   in _ fail _ li _ ble _ ment   é_tait là.

sous bonne gar _ de,   in _ fail _ li _ ble _ ment   é_tait là.

sous bonne gar _ de,   in _ fail _ li _ ble _ ment   é_tait là.

C'est le jour, et peut-être hé_las   Le   dernier   jour   de   Me_tel_la

C'est le jour, et peut-être hé_las   Le   dernier   jour   de   Me_tel_la

C'est le jour, et peut-être hé_las   Le   dernier   jour   de   Me_tel_la

C'est le jour est peut - être hé_las! Le dernier jour de Me_tel _ la! .

C'est le jour est peut - être hé_las! Le dernier jour de Me_tel _ la!

C'est le jour est peut - être hé_las! Le dernier jour de Me_tel _ la!

_gré les sen_ti_nel _ les U _ ne derniè_re fois dé_si _ ré de me v(

Mais ne croyez pas   que je me morfon _ de   Dans le dé_sespo

coup qui m'atteint, Es _ cla _ ves pré_sentez des coupes à la

ron_de Et bu_vons, oui, _bu _ vons à mon dernier ma_

Allegro.

_tin.

Allegro.

M.
f
-tins Es-cla-ves emplis-sez nos cou-pes à la rou-de Et bu-
f
M.
p
-vons oui, bu-vons à mon dernier ma-tin Bu-vons! bu-vons! bu-
Sop.
p
Bu-vons! bu-vons! bu-
Tén.
p
Bu-vons! bu-vons! bu-
Basses.
p
Bu-vons! bu-vons! bu-
crescendo.
p

sau _ te sans peur en fem _ me ro _ mai _ ne   Car

Bu _ _ vons! bu _ vons!   Car

Bu _ _ vons! bu _ vons!   Car

Bu _ _ vons! bu _ vons!   Car

on est ro _ mai _ ne ou l'on ne l'est pas!

on est ro _ mai _ ne ou l'on ne l'est pas!

on est ro _ mai _ ne ou l'on ne l'est pas!

on est ro _ mai _ ne ou l'on ne l'est pas!

COUPLETS

trom _ pe, C'est plus prudent en bien des cas, Mais

tous les ma_ris n'ont pas des tu_bas Pour trom petter a_vec pom _ pe.

Hal _ te-là! Hal _ te-là Hal _ te-là!__ Il ar _ rive, il ar_rive, il ar_

_ri _ _ve, il ar _ ri _ ve, le voi _ là! Il ar_

Sop. f

_rive, il ar_rive, il ar_ri _ ve, il ar _ ri _ ve, le voi_ là!

CORNÉLIUS.

J'a_

_mè_ ne mon es _cor_te En bloc Et je fais à ta porte Toc toc Heu_

_reux en _cor pour cau_se, Et, fier Si j'eus_ se fait la cho_se Dès

hier _____ Ren _ trer au son de la trom _ pe C'est plus prudent en

bien des cas, Mais _ tous les ma _ ris n'ont pas des tu _ bas Pour

trom _ pet _ ter a _ vec trom _ pe. Hal _ te-là! Hal _ te-là!

Hal _ te-là! _ Il ar _ rive, il ar _ rive, il ar _ ri _ _ ve, il ar _

SORTIE.

FINALE

Au Capi _ to _ _ _ _ le   Au Ca_

Au Capi _ to _ _ _ _ le   Au Ca_

Au Capi _ to _ _ _ _ le   Au Ca_

218

M.

Ca _ pi _ to _ _ le Au Capi _ to _ _ _ le!

Ca _ pi _ to _ _ le Au Capi _ to _ _ _ le!

Ca _ pi _ to _ _ le Au Capi _ to _ _ _ le!

Ca _ pi _ to _ _ le Au Capi _ to _ _ _ le!

ff